어진이의 농장 일기

어진이의 농장 일기

2000년 7월 15일 초판 1쇄 발행
2022년 1월 3일 초판 48쇄 발행

지은이　　신혜원

펴낸이　　강일우
책임편집　신수진 김태희 문경미
펴낸곳　　(주)창비
등록　　　1986. 8. 5. 제85호
제조국　　대한민국
주소　　　10881 경기도 파주시 회동길 184
전화　　　031-955-3333
팩스　　　031-955-3399(영업) 031-955-3400(편집)
홈페이지　www.changbikids.com
전자우편　enfant@changbi.com

ⓒ 신혜원 2000
ISBN 978-89-364-4527-0 73480

＊이 책 내용의 일부 또는 전부를 재사용하려면 반드시 저작권자와 창비 양측의 동의를 받아야 합니다.
＊책값은 뒤표지에 표시되어 있습니다.
＊KC마크는 이 제품이 공통안전기준에 적합하였음을 의미합니다.

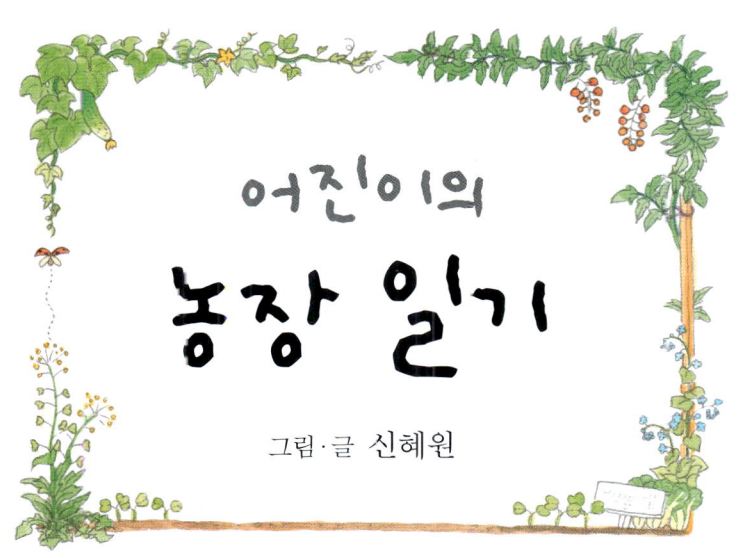

어진이의 농장 일기

그림·글 신혜원

창비

● 머리말

 안녕, 이 책을 만든 신혜원 아줌마야.
아줌마는 늘 집에서만 생각하고,
그림도 집에서만 그리고, 집에서만 놀고…….
모든 것을 집에서만 한단다.
이런 집에서 말이야.
너무 답답하겠지? 그래서 결심을 했어. 집을 나가기로 말이야.

 아줌마의 아들, 어진이랑

아줌마의 남편, 이은홍 아저씨를 데리고 말이야.

그런데 멀리 간 건 아니야. 집에서 그리 멀지 않은 곳으로 갔지.
처음부터 너무 멀리 가면
무섭잖아.

거기가 바로 주말 농장이었어.

처음엔 볼 것도 없고, 놀 것도 없어서 좀 힘들었는데,
그곳에 우리 식구의 자리, 어진이네 밭 을 만들고 🔴 🥕 🟡 를
뿌렸지!   이런 씨 요런 씨 조런 씨

그랬더니 점점 씨들이 자라서 큰 식물이 되고, 그 식물들한테
온갖 벌레들 이 찾아오기 시작했어.

이젠 볼 것도 많아졌고, 함께 놀아 주는 친구도 많단다.

축하해 줘!
물론 나보다 그런 재미있는 일을 먼저 시작한 친구들도 있겠지만,
아직 해 보지 못한 친구들은 이 책을 보고 한번 따라 해 봐!

이제 아줌마는 어진이하고
밭에 가야겠다.

너희도 같이 갈래?

2000년 여름
신혜원 아줌마가

차례

머리말 • 4

일요일마다 가는 곳 • 8

1. 씨를 뿌리다 • 16

2. 드디어 싹이 나오다 • 22

3. 들꽃 찾기 대회 • 31

4. 예쁜 벌레, 미운 벌레 • 40

5. 도망 • 46

6. 수확과 장마 • 52

7. 밀림이 된 밭과 안 나오는 사람들 • 58

8. 방학 • 66

9. 다시 씨를 뿌리다 • 74

여름 끝, 가을 시작 • 78

10. 우리 집 베란다에 텃밭이 생기다 • 84

11 김장 • 90

12. '게임 대장'에서 '농부'로 • 100

다시 처음으로! • 102

맺음말 • 104
어진이에게 편지를! • 107

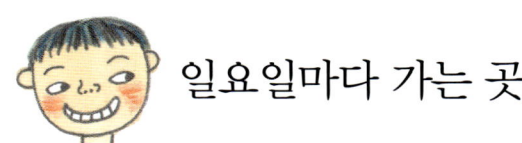# 일요일마다 가는 곳

나는 컴퓨터 게임을 아주 좋아한다.
나중에 커서 무엇이 될까는 아직 생각해 보지 않았지만
지금 내 꿈은 우리 학교에서 제일 가는 컴퓨터 게임 왕이 되는 것이다.
일요일은 일주일 가운데 컴퓨터 게임을 가장 많이 할 수 있는 날이다.
그런데 내가 3학년이 되자 일이 이상하게 돌아가기 시작했다.
엄마가 일요일마다 같이 가야 할 데가 있다고 하신 것이다.
나는 너무 싫었다.

엄마 아빠는 아침부터 도시락을 싸고 이것저것 챙기느라 바빴다.
모든 준비를 마친 우리 식구들은 차를 타고 집을 떠나
아파트 단지가 끝나는 곳까지 갔다. 그러자 한 번도 가 본 적 없는
작고 좁은 길이 나왔다. 그 길로 들어서자 철도 건널목이 나왔고,
건널목을 건너자 갑자기 시골에 온 기분이었다.

시골길처럼 울퉁불퉁한 그 길을 따라가니
밑으로는 도랑이 흐르는 작은 시멘트 다리가 나왔다.
그 다리 너머로 밭과 비닐하우스가 줄지어 서 있었다.
우리 집 베란다에서 볼 때 반짝이는 작은 강처럼 보이던 것이
바로 이 비닐하우스들이었나 보다.

그리고 조금 더 가니까
우리가 일요일이면 항상 가야 할 곳이 나왔다.

엄마한테 억지로 끌려오긴 했지만 내 또래 친구들이 있어서
그나마 다행이었다.
우리 가족이 일요일이면 항상 가는 곳,
그곳은 바로 주말 농장이다.

1. 씨를 뿌리다

4월 첫째 주 일요일. 주말 농장을 시작하는 날!
한마디로 내 느낌은 "꽈당"이다. 어른들이 지난주에
밭을 갈아 놓았다고 했지만 완전히 돌밭이었다.
정말 도망이라도 치고 싶었다.

하지만 도망가진 못했다. 식구들과 함께 농장 이름 짓는 일에
푹 빠져 버렸기 때문이다. 여러 가지 의견이 나왔지만
그냥 내 이름을 따서 '어진이네 밭'으로 정했다.
푯말에 초록색 페인트로 밭 이름을 예쁘게 쓰고 넘어지지 않게
우리 밭 앞에 꽂았다. 내 이름이 붙은 우리 밭을 보니
기분이 조금 나아졌다.

가장 먼저 해야 할 일은 흙을 부드럽게 만드는 일이다.
그래야 씨가 뿌리를 잘 내릴 수 있다고 한다.
흙을 부드럽게 하려면 우선 흙을 뒤집어
덩어리진 흙을 잘게 부수고 큰 돌들을 골라내야 한다.

힘센 아빠는
삽으로 흙을 뒤집고

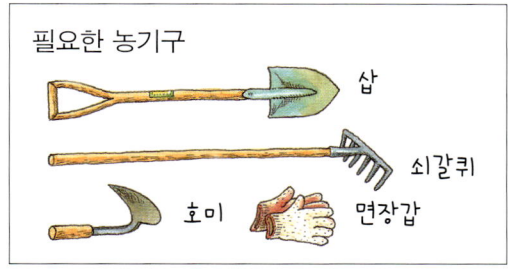

필요한 농기구
삽
쇠갈퀴
호미 면장갑

그때 잡초의 마른 뿌리도 걷어 내야 한다.
마지막으로 쇠갈퀴를 이용해 땅을 슬슬 긁어 미처 고르지 못했던 작은 돌들을 골라내면 폭신폭신하고 평평한 밭이 된다.
그러면 씨 뿌릴 준비는 끝.

우리는 씨뿌리기 전에 밭 한쪽 구석에 앉아 계획표를 짰다.
오늘은 우선 씨를 뿌리고 모종은 다음 주에 하기로 했다.
내가 대표로 가서 오늘 심을 씨들을 받아 왔다.

씨 뿌리는 방법

평평한 땅 위에 15~20cm 정도 간격으로 손가락이나 호미로 얕게 고랑을 낸다.

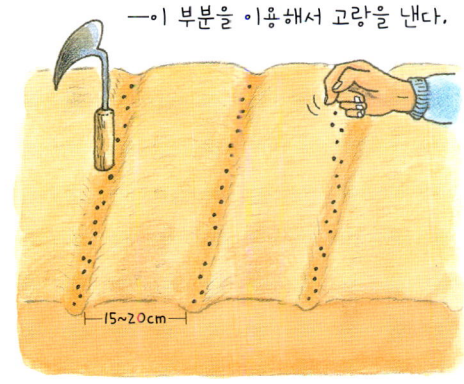

─이 부분을 이용해서 고랑을 낸다.

엄지와 검지로 씨를 잡고
살살 비비면서
솔솔솔 뿌려 준다.
그런 뒤 양옆의 흙으로
살짝 덮어 주면 끝!

감자 심는 법

(싹을 틔운 감자를 잘라서
눈이 위로 가게 심는다.)

씨의 생김새

열무씨
봄배추씨
상추씨

씨감자

씨 뿌리는 일은 생각보다 쉬웠다.
엄마가 시키는 대로 하긴 했지만 그 조그만 알갱이에서 배추나
상추가 나올 것 같지는 않았다.
비가 조금 오면 싹이 빨리 나온다던데…….

2. 드디어 싹이 나오다

두 번째 밭에 가는 일요일이 되었다. 우리가 바라던 대로 지난 목요일에 봄비가 살짝 내렸다. 집에서 게임을 하고 싶었지만 내가 뿌린 씨가 어떻게 되었는지 궁금하기도 했다. 우리는 싹이 나와 있기를 바라며 새로 산 모종들을 가지고 농장으로 갔다.

그러나 싹은 나오지 않았다.
힘이 빠져서 일하기 싫었지만 마음씨 좋게 생긴 경상도 아저씨가
다음 주에 와 보면 틀림없이 싹이 나와 있을 거라고 말씀하셨다.
우리는 그 아저씨가 가르쳐 주신 방법대로
고추, 가지, 방울토마토, 오이 모종을 심었다.

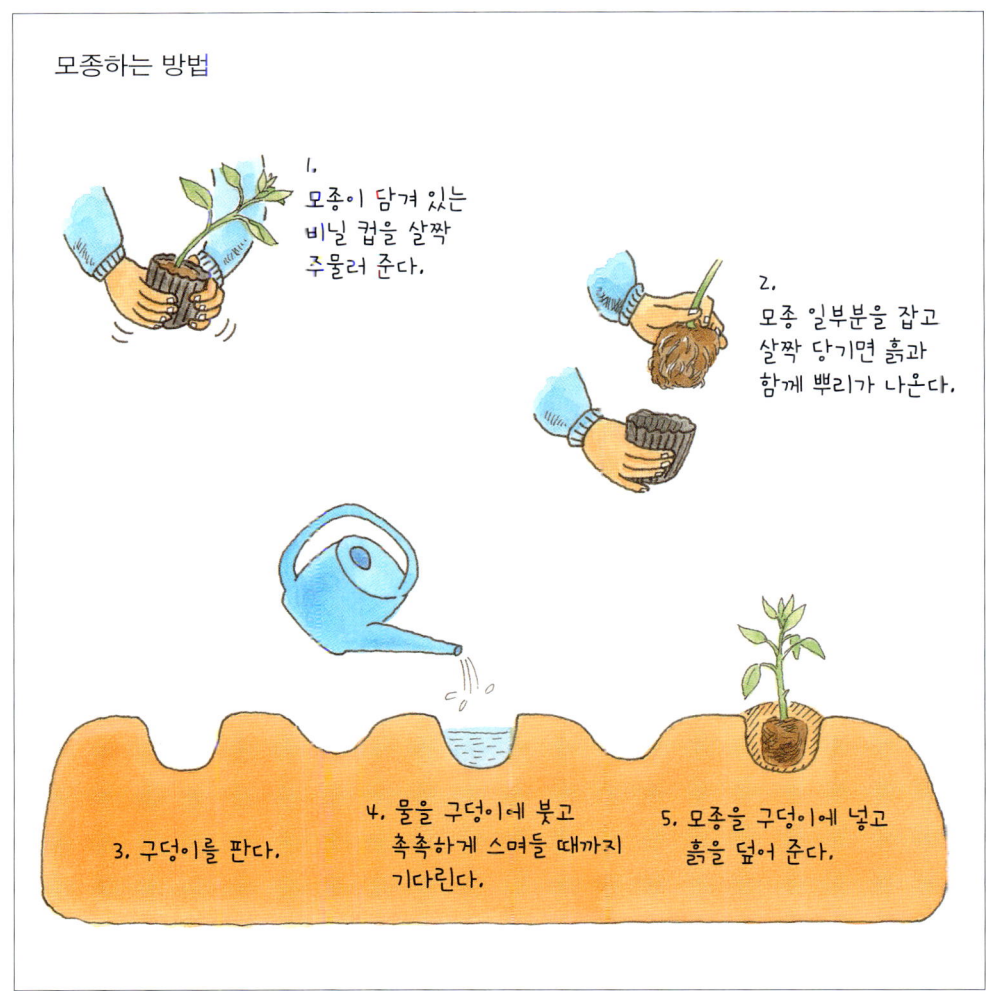

그런데 오이는 오이집을 만들어 주어야 한다고 했다. 오이란 놈은 덩굴 식물이어서 다른 것을 감고 올라가길 좋아하기 때문이다.

너무 촘촘하게 심으면 오이가 잘 자라지 못한다고 해서 간격을 충분히 두고 심었다. 모종을 다 끝내고 오이집도 만들고 나니 우리 밭이 아주 근사해졌다.

끈으로 친친 감아 고정시킨다.

중간 부분도 끈으로 연결시켜 오이가 잘 타고 오를 수 있도록 해준다.

히~야!

오이 심을 자리

땅 깊이 박은 막대를 교차시킨다.
교차시킨 막대 위에 긴 막대를 올려 움직이지 않게 해준다.

우리가 밭을 보며 흐뭇해하고 있는데 농장 일을 가르쳐 주는
농장장 아저씨가 오시더니 잘못했다고 핀잔을 주셨다.
우리는 모두 깜짝 놀랐다.

"으악! 어쩌면 좋아! 다 심어 버렸는데……."
결국엔 모종 심는 방법을 가르쳐 주셨던 경상도 아저씨랑 농장장 아저씨 사이에 실랑이가 벌어졌다.

일주일이 금방 지나 씨를 뿌린 지 이 주일째 되는 일요일.
오늘은 내가 먼저 밭에 가자고 졸랐다.
싹이 나왔는지 무척 궁금했기 때문이다.
밭두렁을 지나가는데 밭마다 연두색 싹이 삐죽삐죽 솟아 있었다.
멀리 우리 밭이 보였다.
씨를 뿌린 땅이 예쁜 초록색으로 보인다.
"드디어 싹이 나왔다!"

우리는 싹들 사이에 난 풀들을 뽑아 주었다.
아빠는 이런 걸 '김매기'라 부른다고 하셨다.
난 결심했다. 예쁜 싹들이 잘 자라나도록 풀을 열심히 뽑아 주겠다고…….

오이는 잘 자라서 덩굴손이 생겼다.
고추는 많이 자라진 않았지만 꽃봉오리가 생긴 것도 있었다.
우리는 고추가 비바람에 넘어지지 않도록 지지대를 세워 주었다.
가지와 토마토에도!

일을 끝낸 뒤, 다른 밭들을 구경하고 돌아와 보니 농장장 아저씨가 우리 밭에서 고추랑 가지, 토마토의 새순들을 마구 꺾고 계셨다.
"아저씨! 그걸 꺾어 버리면 어떡해요!"
우리도 눈물을 머금고 똑같이 해 주었다.

이런 건 꺾어 버려야지 아깝다고 그냥 두면 안 돼!

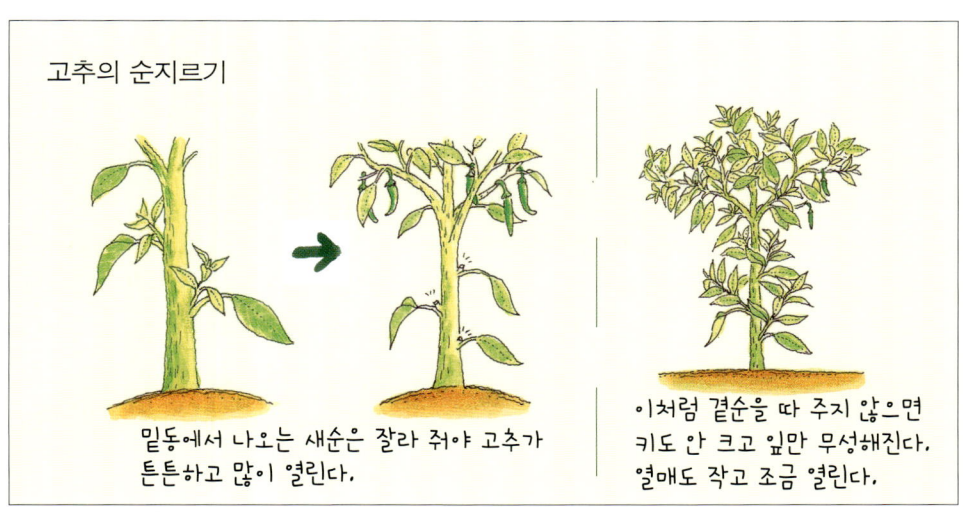

고추의 순지르기

밑동에서 나오는 새순은 잘라 줘야 고추가 튼튼하고 많이 열린다.

이처럼 곁순을 따 주지 않으면 키도 안 크고 잎만 무성해진다. 열매도 작고 조금 열린다.

3. 들꽃 찾기 대회

5월이 되었다. 날씨가 따뜻해져서 그런지 풀이 많아졌다.
풀을 잘 뽑아 주겠다고 마음은 먹었지만 김매기는 너무 힘들다.
다리도 저리고, 허리도 아프고, 손도 아프고…….
"아, 이젠 지쳤다. 다음 주엔 오지 않을 테야! 절대로!"
슬금슬금 빠져 나와 원두막에 가 보니 친구들이 얼굴이 벌게진 채 앉아 있었다.
우리는 약속했다. 다음 주에는 기회를 봐서 도망치기로.

5월 둘째 주, '도망 작전 개시일.'
그러나 우리의 계획은 비참하게 깨져 버렸다.
얄미운 동생이 엄마에게 일러바쳐서 엄마들이 자전거를 타고 가지 못하게 한 거였다.

에고, 에고. 힘들게 잡초를 뽑고 있는데 멀리서 확성기 소리가 들렸다. 나는 얼른 호미를 내던지고 친구들이 모여 있는 곳으로 달려가며 큰 소리로 말했다.

"엄마, 나 들꽃 찾기 대회 가요!"

'들꽃 찾기 대회'라고 해서 들꽃을 많이 찾는 사람에게
상을 주는 것인 줄 알았는데 그냥 밭둑에 나는 잡초나 풀을 뽑아
이름을 맞히고 모르는 것은 선생님이 가르쳐 주시는 것이 전부였다.
물론 상도 없었다.
풀 뽑기가 싫어서 도망쳤더니
잡초 이름 알아보기라니…….

쇠비름

내가 제일 미워하는 이 풀의 이름은 쇠비름이다. 김매기를 조금만 게을리 해도 금방 퍼져 나가고 자라는 속도도 빠르다. 그래도 뱀이나 벌레에 물렸을 때 쇠비름을 짓이겨 바르면 독이 쉽게 빠진다고 한다. 미워도 쓸므가 있네!

옆으로 퍼지지 못해 그냥 서서 자라는 쇠비름.

어쭈! 지가 고추인 줄 아나?

환삼덩굴

두 번째로 싫어하는 풀은 밭둑에서 자라는 환삼덩굴이다. 환삼덩굴은 잎에 거친 털이 나 있고 줄기에도 가시가 촘촘히 나 있어 살짝 스치기만 해도 긁혀서 피가 난다. 뽑기도 힘들어 낫으로 베어 내야 한다.

에고! 아까운 피!

으앙! 피다, 피! 저 풀이 그랬다.

조심해야지!

하지만 모든 풀들이 다 미운 건 아니다. 뽑아 버리긴 하지만
그중엔 먹을 수 있는 풀도 있고, 꽃이 너무 예뻐 뽑기 아까운 풀도 있었다.
그리고 우리가 잡초라고 불렀던 풀꽃들이 모두 제 이름을
갖고 있다는 것은 새롭고 재미있는 발견이었다.

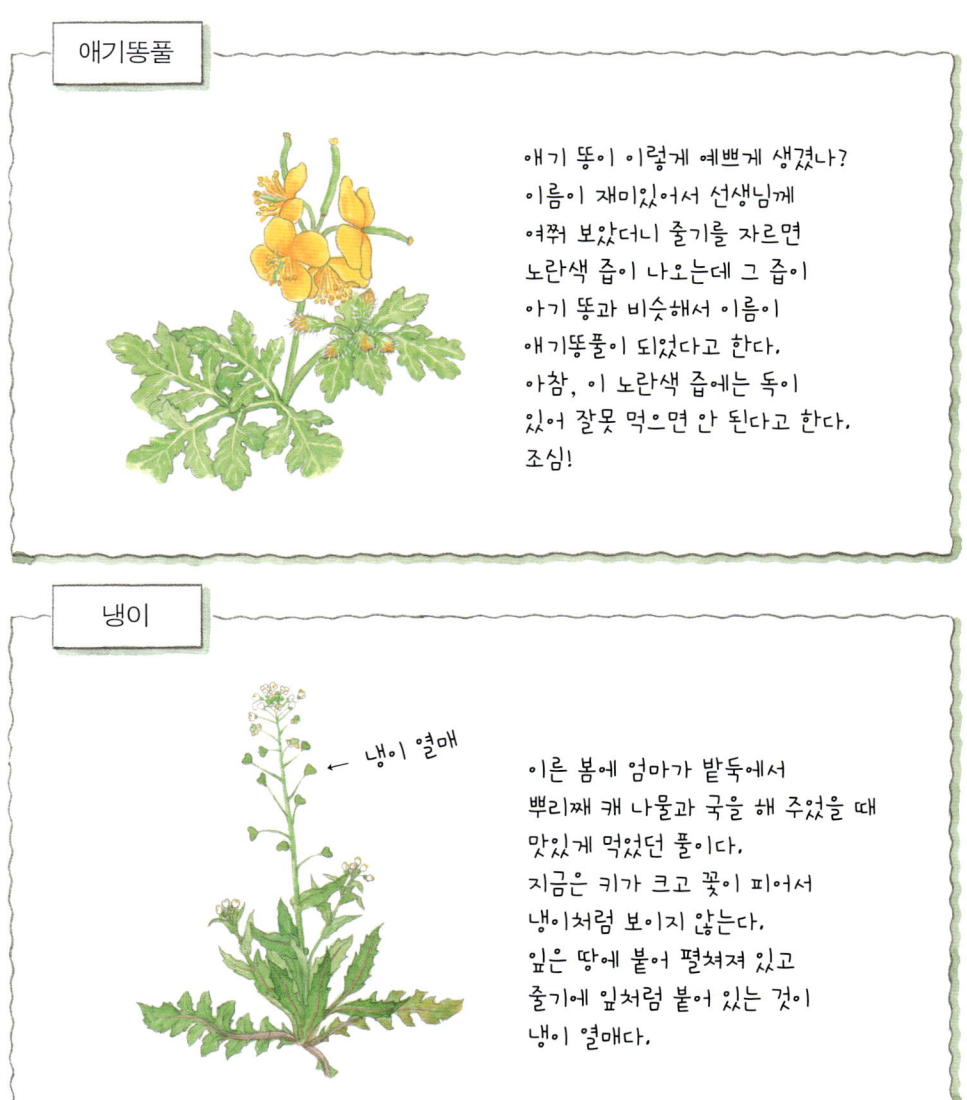

애기똥풀

애기 똥이 이렇게 예쁘게 생겼나?
이름이 재미있어서 선생님께
여쭤 보았더니 줄기를 자르면
노란색 즙이 나오는데 그 즙이
아기 똥과 비슷해서 이름이
애기똥풀이 되었다고 한다.
아참, 이 노란색 즙에는 독이
있어 잘못 먹으면 안 된다고 한다.
조심!

냉이

← 냉이 열매

이른 봄에 엄마가 밭둑에서
뿌리째 캐 나물과 국을 해 주었을 때
맛있게 먹었던 풀이다.
지금은 키가 크고 꽃이 피어서
냉이처럼 보이지 않는다.
잎은 땅에 붙어 펼쳐져 있고
줄기에 잎처럼 붙어 있는 것이
냉이 열매다.

꽃마리

고사리처럼 끝부분이 말려 있어 꽃이름이 '꽃마리'다. 꽃이 피면서 말려 있는 부분이 점점 펴진다고 한다.

괭이밥

토끼풀인 줄 알고 있었는데 '괭이밥'이라 한다. 토끼풀과 달리 예쁜 노란색 꽃이 핀다. 그리고 밤이 되면 잎을 접고 잔다고 한다. 신기하다.

참비름

빨리 자라고 금방 번져서 매번 뽑기 바쁜 풀이다. 그러나 윗부분의 여린 순은 뜯어서 나물로 먹을 수 있다고 한다.

난 어진이야. 아! 이젠 서로 이름도 알게 되었는데 어떻게 뽑지? 미안하다, 예쁜 꽃들아!

들꽃 찾기 대회에서 배운 걸 자랑하려고 우리 밭으로 뛰어갔다.
그런데 엄마가 상추를 한 바구니 뜯어 놓고 울상이 되어 있는 게 아닌가!
엄마는 맛있는 열무 물김치와 봄배추 김치를 담그려고 했는데
벌레들이 열무와 봄배추를 모두 먹어 버렸다며 속상해하고 계셨다.

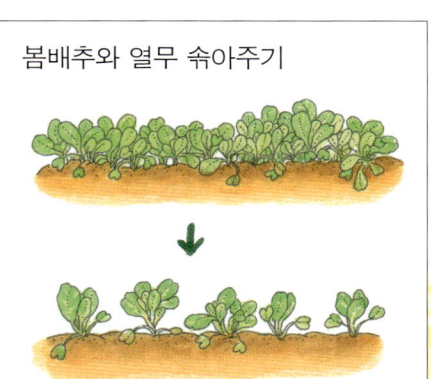

봄배추와 열무 솎아주기

배추는 떡잎이 마르고 본잎이 나오면 솎아 주어야 한다. 간격을 여유 있게 두면서 큰 것들을 뽑아 준다.
열무도 같은 방법으로 해 준다. 솎아 낸 어린 배추와 열무는 된장찌개 국물에 비벼 먹으면 맛이 아주 좋다.

엄마! 아빠!
이 꽃 이름이 뭔지
알아요?

손꽃,
손꽃.

저녁때 집에서 돼지고기를 구워 밭에서 뜯어온 상추에
싸 먹었다. 여태까지는 상추를 싫어해서 안 먹었는데,
우리가 손수 키운 상추라 그런지 아주 맛있었다.

4. 예쁜 벌레, 미운 벌레

5월 들어 세 번째 되는 일요일.
오늘은 아빠와 함께 우리 밭에서 사는 벌레들을 잡기로 했다.
아빠는 모든 벌레가 농작물에 해를 끼치는 건 아니라고 하시면서
벌레를 잡아 집에 가져가 사전을 찾아보자고 하셨다.
우리는 준비해 간 나무젓가락과 병을 가지고 벌레를 잡기 시작했다.
으! 조금 징그러웠다.

오빠야! 벌레가 점만 하다, 점!
이거 내가 손으로 잡았다. 손으로!

준비물
- 뚜껑에 구멍을 뚫은 잼병
- 나무젓가락
- 병에 붙일 이름표

집에 오는 내내 벌레가 병 밖으로 기어 나올 것 같아 불안했다.
저녁을 먹고 온 식구가 모여 곤충 도감을 찾아보기 시작했다.

칠성무당벌레

고추에서 잡아 온 칠성무당벌레는 진딧물을 먹고 산다. 진딧물은 고추에 많고 고추를 잘 자라지 못하게 하는 해충이다. 해충을 잡아먹는 무당벌레는 우리에겐 예쁜 벌레다.

이십팔점박이 무당벌레와 그 애벌레

주의! 같은 무당벌레지만 이십팔점박이 무당벌레와 그 애벌레는 가지와 감자를 갉아 먹는 해로운 벌레다. 이십팔점박이 무당벌레는 못 찾았지만 가지에서 그 애벌레를 잡아 왔다.

배추벌레

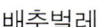

봄에 날아다니는 예쁜 배추흰나비가 배춧잎에 알을 낳으면 3일 만에 애벌레가 나온다. 배추벌레는 배추와 색이 비슷해 잡기도 힘들고 배추와 열무 잎을 어마어마하게 먹어 치우는 미운 벌레다.

달팽이

땅속에서 겨울을 지낸 달팽이가 봄이 되면 밖으로 나와 배추와 열무의 잎을 갉아 먹는다. 겨우내 주린 배를 채우려고 그렇게 많이 먹나 보다.

개미

일 잘하고 부지런하다는 개미는 씨를 통째로 가져간다. 그리고 무당벌레와 사이가 좋지 않다. 개미는 진딧물의 오줌을 먹고 살기 때문에 진딧물을 잡아먹는 무당벌레를 쫓아낸다.
그런데 왜 우리는 개미를 좋아하는 걸까?

여기 있다! 지렁이는 땅을 헤집고 다니면서 땅이 숨을 쉬게 하고 지렁이의 분비물은 흙의 영양분이 되므로 농사에 많은 도움을 준다.

진딧물은 나무나 잎에 붙어 단물을 빨아 먹어 식물의 성장을 방해한다. 빨아서 모아 둔 단물을 개미에게 주어 무당벌레로부터 보호 받는다.

엄마! 무당벌레 기르자!

벌레는 농약을 뿌리면 간단히 없앨 수 있지만 주말 농장에서는
농약을 쓰지 않기로 했다. 농약은 벌레를 죽이는 만큼 사람에게도
나쁘기 때문이다. 아빠는 농약을 쓰지 않고도 벌레를 없앨 수 있다며
몇 가지 방법을 가르쳐 주셨다.

우리는 벌레 잡기 수칙을 정해 큰 소리로 읽은 뒤
다음 주부터 실천하기로 했다.

🐞 벌레 잡기 수칙 🐞

1. 무당벌레는 잡지 말 것!
2. 지렁이는 철저히 보호할 것!
3. 배추벌레는 손으로 직접 죽인다.
4. 개미는 보이는 즉시 쫓아낸다.
5. 담뱃물을 만들어 진딧물을 없앤다. 그렇다고
   아빠는 담배를 많이 피우시면 안 된다.
6. 엄마는 벌레를 싫어하므로, 아빠랑 나,
   동생이 책임지고 벌레를 없앤다!

5월의 마지막 주가 되었다. 우리는 담배 우려낸 물과
나무젓가락을 가지고 능장으로 갔다. 벌레 먹은 배추와 열무를 갈아엎고
그 자리에다 새로 당근씨를 뿌렸다. 배추씨와 열무씨도 조금씩 다시 뿌렸다.
오이, 고추, 가지, 토마토에는 드디어 꽃이 피기 시작했다.
감자도 싹이 나 제법 커졌고 상추는 아주 많이 자랐다.

오이꽃

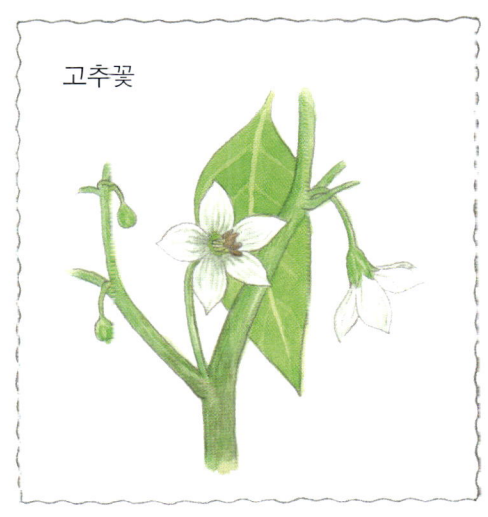

고추꽃

가지꽃

토마토꽃

5. 도망

6월이 되었다. 날씨가 점점 더워지니까 벌레도 많아지고 풀들도 더 빨리 자란다. 그만큼 우리들이 할 일도 많아졌다.
주말 농장은 어떤 땐 재미있기도 하지만 오늘 같은 날은 정말 가기 싫다.
"엄마, 오늘은……."
말이 채 끝나기도 전에 엄마는 내 마음을 어떻게 알았는지 미리 선수를 쳤다.
"안 돼! 오늘은 빈 밭을 일궈 고구마를 심기로 했단 말야!"

고구마 심는 법
1. 호미로 땅을 판다.
2. 고구마 모를 비스듬히 눕힌 뒤 흙을 덮어 준다.

← 돌보는 사람이 없는 밭을 빈 밭이라고 한다.

누워 있는 고구마 모

빈밭

다행히 내훈이가 농장에 축구공을 가져왔다.
나는 고구마를 심는 척하다가 슬금슬금 도망 나와
무덤가 잔디밭에서 내훈이, 소윤이, 재학이와 함께 축구를 했다.

축구공을 빼앗겨 놀 수도 없고 해서 터덜터덜 걷고 있는데
논두렁에서 개구리 한 마리가 튀어 올라왔다.
"개구리다!"
우리는 서로 먼저 개구리를 잡겠다고 뛰어다녔다.
그때 논에서 일을 하시던 아저씨가 개구리가 많은
풀숲에는 뱀이 있으니 조심하라고 일러 주셨다.

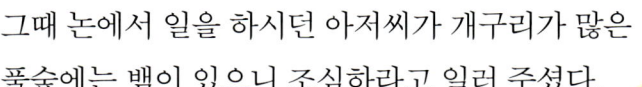

그래서 우리는 개구리 잡는 것을 포기하고 인디언 놀이를 하였다.
어떻게 하는 거냐면 풀을 뜯어 머리, 목, 바지 같은 데에 꽂고
뛰어다니는 거다.

한참을 가니 주말 농장 입구가 나왔다.
일을 마친 어른들이 우리들을 째려보며 웃고 계셨다.
우리는 엄청 혼날 줄 알았는데 아주 조금만 혼났다.

6. 수확과 장마

여름이 가까워지면서 밭에서 나오는 채소도 많아졌다.
오이는 일주일에 적어도 예닐곱 개는 나온다. 사 먹는 오이보다 훨씬 아삭거리고 맛이 좋아서 따자마자 한 개씩 들고 먹는다. 누렇게 익을 때까지 놔두면 늙은 오이가 된다. 엄마가 반찬으로 해 주는데 맛이 그렇게 좋을 수가 없다. 이번 주에는 가지가 많이 열려서 스무 개나 땄다.

방울토마토는 키만 크고 열매는 많이 열리지 않았다. 농장장 아저씨가 '가지 지르기'를 해주지 않아 그렇다고 하셔서 우리는 가지 지르기를 해주었다. 가지와 고추도 방울토마토와 같은 방법으로 가지를 잘라 주었다.

열매 따는 법

열매를 잡고 위로 살짝 올리면 된다. 단, 오이나 가지는 줄기에 가시와 털이 많아서 손으로 따면 다칠 수 있다.

아깝지만 더 많은 열매를 위해…,

나무의 자라기와 열매맺이를 조절하기 위해 가지를 잘라 주는데, 이것을 '가지 지르기'라고 부른다.

6월 셋째 주 일요일. 비가 많이 와서 밭에 못 갔다.

밭에 가지 않아도 우리는 밭에서 나온 가지를 일주일째 먹고 있다.

가지찜, 가지 볶음…… 다시 가지찜.

으, 이제 가지라는 말만 들어도 지겹다.

가지 생각을 하면 밭에 못 간 것이 오히려 잘된 일 같다.

그렇지 않으면 앞으로도 계속 가지 반찬만 먹어야 할 테니까.

또 한 가지 좋은 점은 비 오는 일요일엔
컴퓨터 게임을 할 수 있다는 것이다.
하지만 엄마, 아빠가 장마 걱정을 할 땐 나도 은근히 걱정이 되었다.

텔레비전에서 장마가 곧 시작될 거라고 한다. 6월 마지막 일요일. 날이 흐리기는 했지만 비가 오지 않아 밭에 갈 준비를 하고 있는데 하늘에서 갑자기 장대비가 쏟아지기 시작했다. 엄마가 창 밖을 보며 밭에 또 못 간다고 한숨을 내쉬자 아빠가 힘주어 말하였다.
"어진아! 아빠랑 밭에 가자!"

나: 넘어진 지지대를 세워 땅에 더 깊이 박았다. 넘어진 가지와 고추를 세워 지지대에 단단히 묶고 밑동을 튼튼하게 흙으로 덮어 다져 줬다.

아빠와 나는 비옷을 챙겨 입고 장화를 신고 농장으로 갔다.
우리 밭은 물 위에 떠 있는 섬처럼 보였다.
고추 몇 그루는 넘어져 있었다.
아빠와 나는 일을 하느라 비와 땀에 흠뻑 젖었다.
우리는 일하는 틈틈이 고추, 가지, 토마토를 땄다.

7. 밀림이 된 밭과 안 나오는 사람들

7월 둘째 주.
장마가 끝나려는지 가끔 해가 쨍하고 비치는 날이 있었다.
오늘이 그런 날이었다. 지난주에는 비 때문에 농장에 가지 못했다.
그래서 오늘은 걱정 반, 희망 반으로 밭으로 향했다.
농장에 도착한 우리들은 모두 입이 딱 벌어졌다.
우리 밭이 어딘지 분간이 안 될 정도로 풀이 자라났기 때문이다.
겨우 오이집만이 우리 밭임을 알려 주고 있었다.

풀이 너무 자라서 뿌리까지 뽑아 내기가 무척 힘들었다. 그러나 뿌리를 뽑아 내지 않으면 금방 또 자라기 때문에 꼭 호미로 뿌리째 캐내야 한다. 김매기를 어느 정도 해 주니까 밭 모양이 되살아나기 시작했다.

고추는 장마에 두 그루가 넘어져 죽었다. 그나마 아빠와 내가 비를 맞으며 세워 준 고추들은 제대로 서 있기는 했지만 힘이 없어 보였다.

토마토는 장마에도 많은 열매를 맺었고, 가지는 비 때문에 꽃이 떨어져서 그런지 두 개밖에 열리지 않았다. 감자는 밀림 속에서도 잘 자라 꽃을 피운 것도 있었다.

당근도 잘 자라 잎이 무성해졌다.

솎아 낸 당근이 무척 귀여웠다. 그만큼 맛도 좋아 평소에 당근을 잘 먹지 않던 동생도 아주 잘 먹었다.

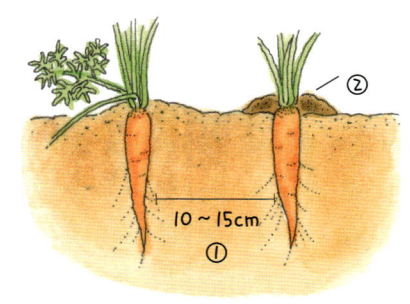

당근의 솎음질과 북돋아 주기

① 당근도 다른 채소와 마찬가지로 다 자랐을 때의 크기를 생각해 2~3 차례 솎아 준다. 10~15cm 간격으로 뽑되, 작은 것들은 자라게 놔두고 큰 것을 뽑아 먹는다.

② 당근 뿌리가 땅 위로 올라오면 뿌리가 덮이도록 흙으로 덮어 준다.

엄청나게 쌓인 풀

너무 커 버려 꽃이 핀 상추

오이들 가운데 끝까지 살아남은 늙은 오이

슬기야, 더 먹어!

엄마! 오빠야 고추만 하다.

오이는 잎이 누렇게 변했다. 농장장 아저씨가 보시더니 물을 먹어
그렇다며 뽑는 것이 좋겠다고 하셨다.
오이집 때문에 우리 밭이 멋있게 보였고,
밭에서 나오는 채소 가운데 오이가 가장 맛있었는데…….

7월 셋째 주 일요일, 오늘은 감자 캐는 날.
햇볕이 강해지고 더위가 심해지면서 안 나오는 사람들이 많아졌다.
그 때문에 농장이 지저분해지고 분위기도 썰렁해졌다.
안 나오는 사람들 밭의 배추들은 잡초와 함께 자라 왕배추가 되었다.
그러면 잎이 질겨져 먹기 힘들다고 한다.
열무와 상추도 다 자라서 꽃이 피었다.

62

감자를 캐느라 한나절을 다 보냈다. 흙 속에서 시꺼먼 감자가 줄줄이 나왔다. 장갑 낀 손으로 쓱쓱 닦아 주니 노란 감자가 되었다.
어라? 하얀 꽃이 피었는데 하얀 감자가 아닌 느란 감자가 나왔네.

감자를 다 캐고 원두막에 모여 재학이 엄마가
집에서 준비해 온 돼지고기와 부침개를 해 먹었다.
열심히 일한 뒤에 먹어서 그런지 아주 맛있었다.

하지만 모닥불에 구워 먹은 감자 맛에 비하면 아무것도 아니다.
집에 돌아와 씻고 자려고 하니 어깨와 팔다리가 뻐근했다.
오늘은 무지 재미있는 하루였다.

8. 방학

7월 마지막 주. 오늘은 밭에서 돼지를 잡는 날이라 농장에 일찍 나갔다.
이번 기회에 돼지를 어떻게 잡는지 보려고 했는데,
엄마 아빠를 도와 일하느라 멀리서
"꽤~~액!" 하는 소리만 듣고 있어야 했다.

엄마가 소윤이 엄마에게 전화를 걸어 휴가를 함께 가자고 했다.
그래서 이번 일요일엔 밭에 가지 않는다.
신나는 토요일. 우리는 동해안으로 출발했다.
"야호!!!"

이틀째 되는 날, 일기 예보에서 큰비가 내릴 거라고 했다.
어른들은 날씨 걱정, 주말 농장 걱정에
시골 사시는 큰아버지 쌀농사 걱정까지 하시더니
결국은 예정보다 하루 일찍 돌아가 휴가 마지막 날은
밭에 가기로 결정을 내렸다.
비 올 때 바다에 들어가 보는 것도 재미있을 텐데…….

집으로 돌아오는 길에 아빠는 원두막처럼 지어 놓은
가게 앞에 차를 잠시 세웠다.
수박, 참외, 복숭아, 감자, 옥수수 들을 파는 원두막 가게였는데
모두 할머니, 할아버지가 직접 기르신 것이라고 하셨다.

우리는 복숭아를 사서 나누어 먹고 맛있게 생긴 옥수수를 한 순자씩 샀다.
그곳에서 파는 감자랑 옥수수는 우리 밭에서 나오는 것보다 훨씬 크고 좋아 보였다.

아빠가 휴가 마지막 날을 밭에서 보낸 날.
아빠와 소윤이 아버지는 빈 밭의 풀을 낫으로 베어 주고
풀숲에서 간신히 살아남은 가지, 오이, 고추 들을 따 왔다.
새로 씨를 뿌린 상추는 꽤 자라서 솎아 줘야 했다.
엄마들은 반찬거리를 준비한다며 열심히 고구마 순을 땄다.

우리는 따 모은 채소를 가지고 소윤이네 집으로 갔다.
함께 저녁을 먹은 뒤, 우리들은 컴퓨터 오락을 했다.

집으로 돌아오는 길에 엄마가 방학 숙제는 잘하고 있느냐고 물으셨다.
나는 걱정하지 않아도 된다고 큰소리를 쳤다.
왜냐하면 나만의 비장의 카드가 있으니까.

9. 다시 씨를 뿌리다

8월 셋째 주. 오늘부터 우리 밭의 채소 식구들이 바뀐다.
이제부터 가을 농사가 시작되는 거다.
김장 배추와 무 씨를 뿌리기 위해 밭에 남아 있던 고추,
가지, 토마토, 당근, 상추를 모두 뽑았다. 그리고 삽으로 다시 밭을
갈아엎고 쇠갈퀴로 땅을 골라 주었다.
그런 다음 어른들은 밭둑에 앉아 막걸리를 마시며 쉬셨고,
우리들은 하늘에 새까맣게 떠 있는 잠자리를 잡으러 다녔다.

휴식이 끝난 뒤, 나는 원두막에 가서 배추씨와 무씨를 받아 왔다.
우리는 배추 아홉 줄, 무 석 줄을 심고 밭 가장자리에는
쪽파를 심기로 하였다.
엄마와 아빠는 빈 밭을 하나 더 일구면 좋을 텐데 하며
안타까워하셨다.

씨의 모습

배추씨  씨의 모양은 봄에 뿌렸던 것과 비슷한데
종자가 다른 것이라고 한다.

무씨

쪽파   마늘처럼 생긴 것이 2~4알 붙어 있다.

심는 방법

배추나 무가 다 자랐을 때의 크기를 생각해 간격을 충분히 두고 심는다.

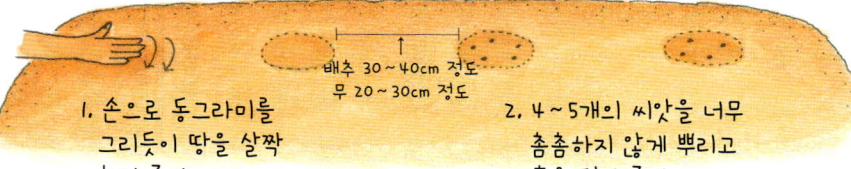

배추 30~40cm 정도
무 20~30cm 정도

1. 손으로 동그라미를 그리듯이 땅을 살짝 눌러 준다.

2. 4~5개의 씨앗을 너무 촘촘하지 않게 뿌리고 흙을 덮어 준다.

무는 밭을 깊이 갈지 않으면 무가 자라면서 끝이 갈라지므로 밭을 깊게 갈고 뿌려 준다. 쪽파는 3~5cm 정도의 사이를 두고 뾰족한 쪽이 위로 오게 해서 심는다.

겨울 식량 준비하러 가자.

농장장 아저씨와 경상도 아저씨가 또 실랑이를 벌였다.
하지만 우리는 그전처럼 놀라지 않았다.
왜냐하면 어떤 방식으로든 정성껏 보살피면 싹은 나와서
우리를 기쁘게 해 준다는 사실을 알았기 때문이다.

77

여름 끝, 가을 시작

개학을 했다.
나는 그동안 정리해 놓은 농장 일기와 곤충 관찰 일기,
들꽃 관찰 일기를 방학 자율 숙제로 냈다. 선생님이 칭찬을 해 주셔서
무척 기뻤다.
아직도 덥긴 하지만 8월에 비하면 더위가 누그러져 그런지 벌레와
풀들의 극성도 줄어들었다. 그래도 앞으로 얼마 동안은 일요일마다
김매기와 벌레 잡기를 해 주어야 한다.

씨 뿌린 지 2주가 지나 9월이 되었다.
그사이에 싹이 나와 꽤 자라 있었다. 속상하게 싹이 안 나온 곳도 있었다.
그런 곳은 씨를 너무 깊이 심었거나 개미 같은 곤충들이
씨를 훔쳐 갔기 때문이다.
농장장 아저씨가 사람이 안 나오는 밭은 놀리지 말고 일구어서
다른 씨를 뿌리라고 말씀하셨다.

우리도 밭 하나를 갈아엎고 그곳에 총각무랑 시금치 씨를 뿌렸다.
이번에는 농장장 아저씨가 가르쳐 주신 방법대로 했다.
경상도 아저씨와 또 실랑이를 벌이면 우리가 더 미안하니까…….

9월 둘째 주.

배추가 내 손바닥만큼 자랐다.

싹이 나오지 않은 곳에는 아직 솎음질을 하지 않은 밭에서 배추를 가져다 모종을 해 주었다.

배추 모종하는 법

솎아주기를 해 주지 않은 밭에서 모종을 떠 오거나, 농원에서 모종을 사서 해 준다.

모종 떠 오기
: 넓고 깊게 뜬다. 옆의 배추가 다치지 않게 조심한다.

농원에서 모종을 사 온 경우
: 모종하는 방법(23쪽)대로 한다.

어느새 뒷산 밤나무 밭에는 밤이 주렁주렁 열렸다.
농장장 아저씨에게 여쭤보니 떨어져 있는 밤은 주워도 되지만
나무를 흔들거나 작대기로 밤송이를 떨어뜨리지는 말라고 하셨다.
우리들은 비닐봉지를 하나씩 들고 뒷산으로 가 밤을 주웠다.

10. 우리 집 베란다에 텃밭이 생기다

9월 중순이 지나고 시원한 바람이 불어오기 시작하자
벌레와 풀이 많이 줄었다. 덕분에 친구들과 놀 시간이 많아졌다.
밭일이 끝난 뒤 이웃들과 함께 저녁 먹는 일도 많아졌다.
오늘 저녁을 먹으러 간 식당은 밭에서 그리 멀지 않은 곳에 있었다.
그 식당 마당은 시멘트로 되어 있었는데, 그곳에도 밭이 있었다.

며칠 뒤 엄마는 아파트 앞 분리수거대에서
긴 플라스틱 화분을 두 개 주워다 깨끗이 씻어 놓았다.
오늘은 9월 마지막 일요일. 우리는 농원에 들러 퇴비 두 부대와
씨들을 사서 밭으로 갔다.
아빠와 내가 밭을 매고 있는 동안 엄마는 식당 아저씨가
가르쳐 주신 대로 화분에 흙을 열심히 담았다.

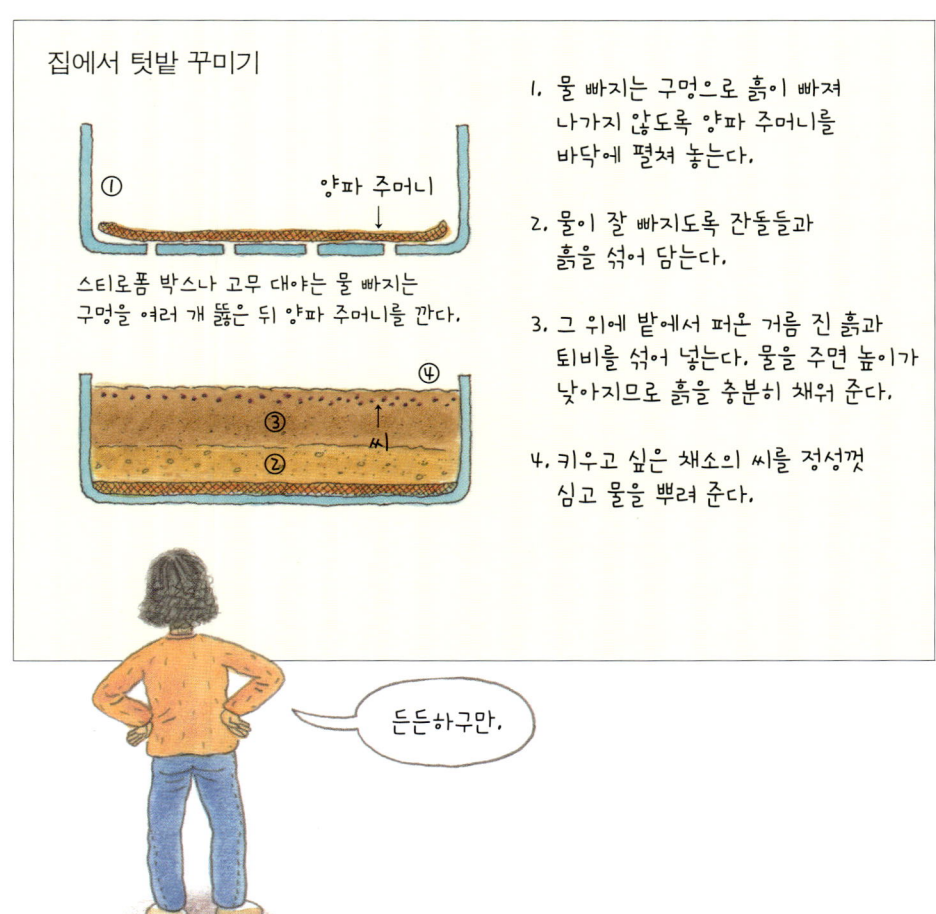

가끔 어른들이 겨울엔 할 일이 없어 심심하니 비닐하우스나 할까 하는 농담을 하셨는데, 드디어 우리 집 베란다에 작은 밭이 생겨났다.

10월 첫째 주 일요일.

10월이 되자 바람이 쌀쌀해지기 시작했다.

오늘은 지난 6월에 심은 고구마를 캐기로 하였다. 그동안 고구마 순만 따 먹었는데 드디어 고구마를 먹을 수 있게 되었다. 우선 고구마 줄기를 낫으로 모두 걷어 낸 뒤 호미로 땅을 파 고구마를 캤다.

절반밖에 캐지 않았는데도 우리가 일 년을 먹어도
남을 정도로 엄청나게 많은 고구마가 나왔다.
여러 사람들과 나눠 가졌더니 좀 아까운 마음도 들었지만
우리가 부자가 된 것 같아 뿌듯했다.

11. 김장

밭에 가는 것을 한 주 빼먹어도 큰 탈이 없을 정도로 밭일이 많이 줄었다. 그래도 일요일만 되면 엄마가 배추 구경을 가자고 해서 한 번씩
밭에 가 보곤 했다.
그러는 사이에 10월 마지막 주가 되었다.
배추와 무가 꽤 자라 있었다. 배추는 묶어 주어야 알이 꽉 찬다고 해서 우리는 그렇게 해 주었다. 그런 다음 무를 북돋아 주었다.

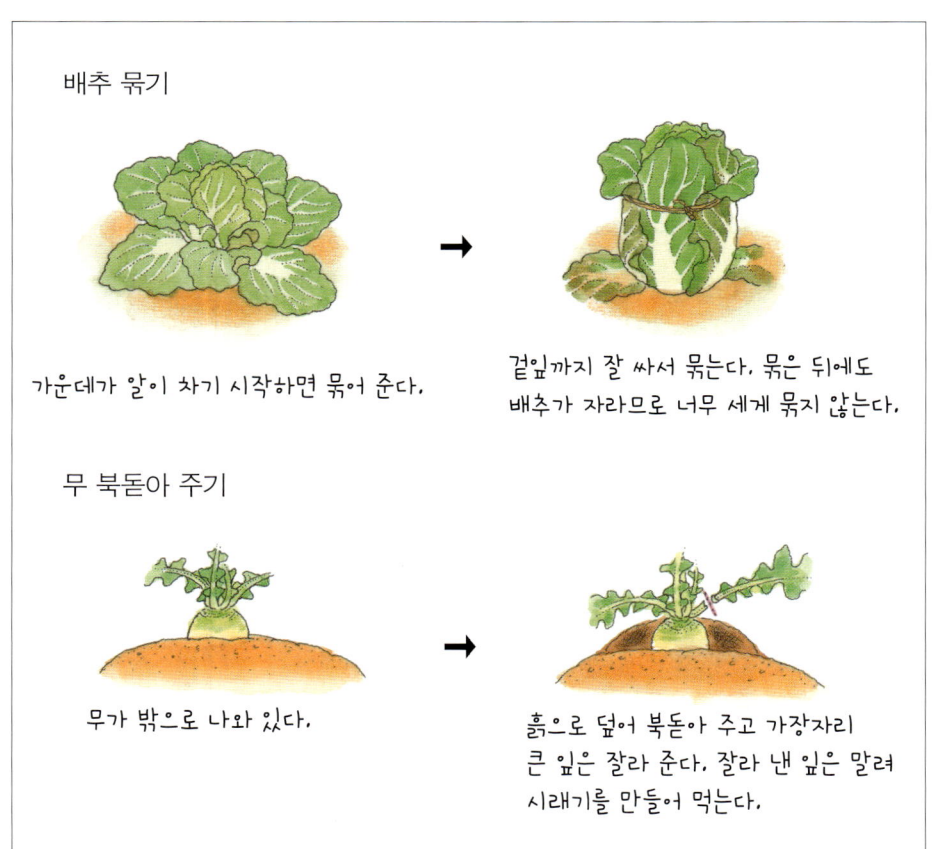

배추 묶기

가운데가 알이 차기 시작하면 묶어 준다.

겉잎까지 잘 싸서 묶는다. 묶은 뒤에도 배추가 자라므로 너무 세게 묶지 않는다.

무 북돋아 주기

무가 밖으로 나와 있다.

흙으로 덮어 북돋아 주고 가장자리 큰 잎은 잘라 준다. 잘라 낸 잎은 말려 시래기를 만들어 먹는다.

엄마는 오늘 저녁엔 뭇국을 끓이고 파김치를 담근다며
무 두 개와 아직은 좀 어린 파를 한 다발 캤다.
눈물을 흘리며 파를 다듬고 있는데 머리 위로 하루살이들이 까맣게
몰려들었다. 자세히 보니 철 모르는 모기떼였다.
으악! 아직도 모기가 있다니.

한 주를 빼먹고 밭에 가 보니 배추가 눈에 띄게 자라 있었다.
시장에서 파는 배추보다 큰 것도 몇 개 있었다.

엄마는 올 때마다 배추 세는 일부터 한다.
엄마의 배추 세기가 끝난 뒤,
우리는 총각무와 시금치를 솎아 주고 김을 매 주었다.

어느새 11월 중순이 지났다.
어제 텔레비전에서 오늘 밤부터는 추워져 기온이 영하로
내려갈 것이라고 하였다. 엄마는 "아직 김장할 때가 아니어서
뽑을 수도 없고, 그대로 두면 얼어 버릴 텐데." 하고 배추 걱정을 하셨다.
토요일이라 일찍 들어오신 아빠가 농장장 아저씨에게 전화를 하셨다.

농장장 아저씨가 배추는 비닐로 덮어 주면 되고
무는 땅속에 묻어야 한다고 말씀해 주셨다.
우리 식구는 당장 철물점에 가서 큰 비닐을 사 가지고 밭으로 갔다.
소윤이네와 재학이네는 이미 와 있었다.

어제 드디어 첫눈이 내렸다. 함박눈은 아니었지만 아파트 지붕에
눈 온 흔적이 조금씩 남아 있어 겨울이 왔음을 알 수 있었다.
11월의 마지막 일요일. 오늘 우리는 마지막 수확물을 가지러 밭으로 갔다.
엄마는 12월 중순에 하기로 했던 김장을 다음 주에 하기로 했다.
배추와 무는 얼지 않고 잘 있었다.
우리는 우리가 키운 배추와 무를 안고 기념 사진을 찍었다.

집에 가져온 배추와 무는 김장하기 전까지
햇볕이 들지 않는 뒷베란다에 비닐을 덮어 보관하기로 했다.
엄마는 가져온 무 가운데 절반은 무말랭이를 만든다며
예쁘게 썰어서 채반에 널어 놓았다.

12월 첫째 주 일요일. 드디어 김장하는 날.
어제 할머니가 오셨다. 여태까지는 할머니 댁에서 김장을 하고,
엄마가 가서 도와준 다음 김장 김치를 가져 왔었다.
김장을 우리 집에서 하는 건 이번이 처음이다.
할머니는 오시자마자 배추를 다듬고, 그것들을 욕조에 차곡차곡 채워
소금물에 절여 놓으셨다.

엄마는 파를 다듬고, 무를 가늘게 썰어 놓으셨고, 아빠는 마늘 까기와
생강 다듬기, 나와 동생은 잔심부름을 하면서 하루를 보냈다.
오늘 아침, 할머니와 엄마는 일찍 일어나 절여 놓은 배추를 맑은 물에
씻어 낸 뒤, 여러 가지 양념을 넣어 만든 배춧속으로 김장 김치를 담갔다.
이제 겨우내 먹을 김치 준비는 끝!

12. '게임 대장'에서 '농부'로

주말 농장이 끝나서 일요일이면 컴퓨터 오락을 맘껏 하게 되었다.
그래도 일요일만 되면 뭔가 허전하다.
겨울 방학이 시작되었다. 방학식 날, 나는 아주 특별한 상을 받았다.
물론 반 친구들 모두 하나씩 받긴 했지만, 난 그런 상과 함께 다른 상을 하나 더 받았다.
담임 선생님이 특별히 만들어 주시는 '담임 선생님 상'을 받은 것이다.

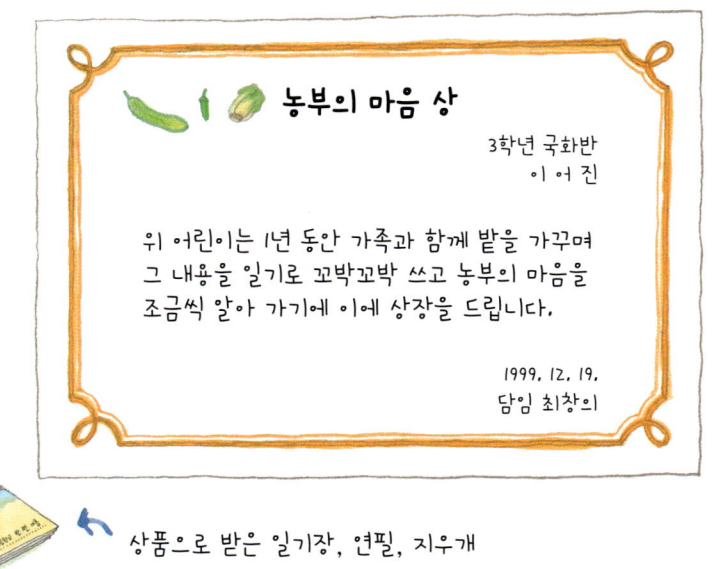

↑ 상품으로 받은 일기장, 연필, 지우개

모두 세 명에게 주셨는데, 다리를 다친 효영이의 가방을 일 년 동안 들고 함께 등교한 보름이에게는 '사이 좋은 동무 상'을, 반 친구들의 얼굴을 한 명도 빠짐없이 그린 성민이에게는 '빛나는 화가 상'을, 그리고 나에게는 '농부의 마음 상'을 주셨다.

여름 방학이 끝난 뒤부터 내 별명은 '게임 대장'에서 '농부'로 바뀌었다.
처음엔 친구들이 "야, 농부!" 하고 부르면 기분이 나빴는데
상을 받고 나니 기분이 좋아졌다.
나는 엄마 아빠에게 내년에도 꼭 주말 농장에 나가자고 이야기할 것이다.
올해보다 더 열심히 해야지.

다시 처음으로!

겨울 방학과 봄 방학을 보내고 4학년이 되었다.
올해는 주말 농장을 더 열심히 하기 위해 아빠를 따라
개장 삼 주일 전부터 하는 '거름 진 땅 만들기'에 나갔다.

● 맺음

안녕, 다시 신혜원 아줌마야.
책 다 읽었니?
땅을 일구고 씨를 뿌려 열매를 얻어 내는 일이
쉬운 일이 아니지?

그러니 농부님들은 얼마나 힘드시겠니?
우리가 이렇게 씨를 뿌려   채소를 가꾸는 게
농부들 눈에는 소꿉장난처럼 보이겠지?
하지만 이 기회를 통해 아주아주 조금이라도 농부들의 마음을
알 수 있다면 그것만으로도 큰 수확이 아닐까?

어진이처럼 식물을 길러 본 적이 있는 친구가 있다면
그 이야기 좀 해 줘.
방안에서 키운 🌼 이야기도 좋고, 마당에서 키운 🌳 도 괜찮아.

아님 직접 꽃씨 ⋰⋱ 를 뿌려 키우는 거야.

가까운 주말 농장을 찾아가도 좋고.

싹이 나오고 조금씩 자라는 모습을 날마다 지켜보면 기분 좋을 거야.

키우면서 궁금한 거 있음 물어봐.

어진이가 모르고 있는
다른 사실들을 알려 줘도 좋고.

기다리고 있을게.

이젠 정말 안녕.

신혜원

도시에 살면서 4년 동안 주말 농장을 한 경험을 살려 책으로 만들었다.
『글자 없는 그림책 1·2·3』을 만들었으며,『하느님의 눈물』『햇볕 따뜻한 집』
『나는 둥그배미야』들에 그림을 그렸다. 새로운 일에 관심이 많으며,
자신만의 독특한 세계를 책으로 만들어 내는 일에 전념하고 있다.

● 어진이에게 편지를!